JN440300

내가 잠깐 한눈 판 사이

엄계옥 시집

시인동네 시인선 042

엄계옥 시집

내가 잠깐 한눈 판 사이

시인동네

시인의 말

내 무의식 저편에 쪼그리고 앉아 울고 있는 아이에게
손 내민다.
그 아이에게 건네는 말이 내 시(詩)의 전언이다.
이미 늙어버린 아이인 내가,
지나온 과거와의 화해를 위해 시(詩)라는 첫발자국을 내딛는다.
과거는 이미 전생이 되었다.
진정한 화해는 무의식과 하는 것이다.

2015년 가을
엄계옥

내가 잠깐 한눈 판 사이

차례

제2부

제3부

제4부

제1부

장고(長考)

추수 끝낸 전답
군데군데
볏단 깻단 포석처럼 놓였다

누가 전답을 바둑판 삼아
대국(對局) 중이신가

흑과 백, 패망선과 실리선 사이
생의 갈림길을 두고 유유자적하는,

천체만큼 큰 외눈박이가 두는 반상 맞은편
비움을 늘임으로 빈집 따내는
신의 한 수

스트라디바리우스*의 노래

수목한계선 무릎 꿇은 설움
한 줄 선율에 불현듯 울컥, 하고 쏟을 때
쉰 번의 겨울 나이테 제 피륙의 깊이만큼
몸의 현을 연주한다

차곡차곡 안으로 들인 한기
주체할 수 없는 울림으로 번져와
바람의 결기 낱낱이 토해낸다

제 몸 최고봉의 선율을 향한 칼바람의 담금질
앙상하게 휘어진 등줄기 후려칠 때마다
늑골 뼈마디의 비명 온몸을 휘감는다

층층이 안으로 쟁인 한기가 버팀목인
해발 삼천 미터 생목한계선, 일용직인 그는
로키산맥의 무릎 꿇은 나무가 되어갔다

나목의 우짖음 목울대 공명이 되었다던가

은발에 찬 기운 돋을수록
폐부 깊숙한 멍으로부터 터져 나오는 생계의 운율
에일 듯 토해내는 굽은 등의 완창,
키 낮은 가계의 계보(系譜)다

---

*해발 삼천 미터 수목한계선에 사는 무릎 꿇은 나무로 명품 바이올린을 만드는 재료로 쓰임.

상처의 냄새

목욕탕에서 어머니의
슬픈 연대(年代)와 마주한다
팔순의 몸을 씻기다
오래전 영면한 흉터와의 대면에
못 볼 걸 본 것처럼 쭈뼛 서는 동공
마디마디 어긋난 골격이
돌아앉은 순간에도
듬성한 머리카락이
감추고 있었던 신음 자리
때론 기억이란 무의식이 꾸며낸
환영(幻影)이라 머뭇대는 사이
손가락 끝이 먼저 당도해버린
움푹 파인 분홍빛 묏자리
통증이 일시에 전신을 습격한다
등덜미 삭아 내린 팔순의 몸
안개에 묻힌 채 속수무책
상처에 가격당한 줄도 모르고
흉터에다 겹겹이 적막을 쌓고 앉았다

맹금(猛禽)이 떠돌던 봉우리
황막한 처소를 헝클어진 머리숱으로 덮는다
까마득한 시간의 사슬에도
상처는 죽지 않고 그날로 산다
철옹성인 몸 안에다 울음보를 장전한 탓에
상처에선 늘 무덤 냄새가 난다

늦단풍

나무 한 그루 불씨를 껴안는다
몸속 첩첩 달린 문
하나씩 열락에 드는 소리 들린다
불기운 늑골을 파고들어
팔부능선 넘나들며
걷잡을 수 없이 번져간다
정수리에서
심방 심실로
활 활 활
벼랑 끝을 향해 치닫다
마침내,
스스로 곡기를 끊고
나락을 향해
빙그르르 모가지를 꺾는 점입가경

감꼭지

배꼽을 떼어내자 단내가 확 풍긴다
곰삭은 것에는 농익은 향이 있는 법
거꾸로 뒤집혀 등뼈 녹은 살들이
맨몸으로 좌판 위에 펼쳐진다

줄지어 좌판에 늘어선 홍시
하나하나의 배꼽 더듬으면
고욤 씨 같은 감꼭지에 얼비치는 젖비린내
바람이 앞섶 헤집으면
딱딱해져 오는 배꼽이 만져진다

온몸 내장까지 녹은 다음에야
비로소 묵은 빈혈 속으로 선홍빛 혈이 돌고
오래된 상처가 쏟아내는 물컹한 단내
그는 배꼽이 향낭이다

수라(修羅)*

시인이 되고 보니 알겠다
큰 것보다 작고 세세한 것
여리고 힘없는 것에
더 마음이 간다는 것을
꼿꼿하던 고개
사방 면벽보다
발아래를 더 챙긴다
내가 머리 위에
벼락을 이고 살 듯
내 발아래 수수만 년 무수한 생명들
무지막지한 발목을 이고 찰나를 산다
내가 잠깐 한눈 판 사이
무지몽매한 내 발목 스친 자리
개미 한 마리
무너진 어깨 일으켜 세우느라
안간힘을 쓴다
머리 위에 임금 없고
발아래 신하 없는 게 시인이라

나는 그 앞에 무릎 꿇고
무너진 개미 일으켜 세우느라
안간힘을 쓴다

---

*백석 시에서 빌려옴.

비 듣는다

새벽에 비 듣는다
하늘의 목젖이 와서
깨우는 소리에
버림받은 것들 일제히 눈을 뜬다
투다닥 탁 투닥투닥
비의 질타에
봉했던 입 말문 연다
수돗가에 비스듬히 기댄 소주병
사 대째 강물 타령이다
풍파에 갈비뼈 꺾인 우산
몸이 밥무덤이라 장탄식이다
양쪽 귀 오그라붙은 냄비
나팔귀 좀 빌려달라 아우성이다
조락(凋落)한 주택가
난장 위의 역사
담 넘나들며 주고받느라
귀 밖이 소란스럽다
때론 뿔난 드럼통 소리로

때론 하소연처럼
낮은 냇물의 목젖으로
그 소리 듣느라
내가 젖는다

해변의 카프카*

개학을 앞둔 소년 현금지급기에서 꿈을 인출 제주행 배를 탄 뒤 실종됐다네 세상은 소녀에게 소년의 안전을 물었다지 소나기에 정어리가 섞여 내리던 날이었어 꿈길은 너무도 짧아 도로는 구불거리고 자동차는 길에서 한 발자국도 움직일 수 없게 되었다더군

오래전 소나기 타고 하늘로 올라간 미꾸라지, 마당으로 마구 뛰어내리던 날이었어 멍석 가득 태평스레 몸 말리던 볍씨들 둥둥 골목으로 떠밀려갔지 사방팔방 굽고 휜 미꾸라지처럼 허둥대는 어머니를, 아버지 사랑채에서 광경을 훔치면서 공자 왈 맹자 왈만 읊고 있었어 발이 보이지 않던 어머니가 미꾸라지처럼 구불거리며 사방팔방 씨앗을 좇아 튈 때, 까르르 숨넘어가듯 해맑았던 소녀의 웃음은 세상 어둠을 지워버렸어

아무도 하늘에서 정어리가 내리던 날에 대해선 입 열지 않았어 밤과 낮이 비밀의 문인 돌의 입구에서 만난 때문이지 실종된 소년은 통영 매물도 해안가에서 소녀와 재회했다네 시간이 참수된 추어탕 집 수족관에서 정어리는 미꾸라지와 상봉했다지

그들은 떼거리로 갇힌 채 이미 닫혀버린 꿈을 향해 입만 뻐끔대고 있었지 소녀의 웃음을 잃어버린 낮이 맑은 빛깔을 지워버린 오후의 일이었어

---

*무라카미 하루키 소설 제목에서 빌려옴.

반창고

점포에 딸린 방 한 칸에
세 들어 사는 부부를 스케치한다
일요일 아침 단잠에 빠져 있을 때
시든 울타리 밖을 울리는 여자의 자명종 소리
목 쉰 뻐꾸기처럼 서럽다
―쥐오줌풀에 넋 놓고 앉은 모시나비야 넌,
시도 때도 없이 뒤집어엎는 살림
오늘 아침 그 집 가재도구들
죄다 크고 작은 반창고 하나씩 붙였다
기어이 늙은 세발자전거는 손목이 휘었고
화장실은 문짝만 한 파스를 발랐다
급류에 떠밀린 어린 새들처럼
아이들 담벼락으로 몸 숨긴다
쪼그라든 가슴으로 불어나는 불안에
머리카락마저 숨기는 눈치다
문설주에 기댄 슬픈 얼굴에
차마 떼어내지 못한 얼룩
햇살이 노랑 발로 스케치를 한다

비밀의 눈

그녀의 눈물 사용법*에 사는 그 애는 그와 한몸이다 굶주림이 문풍지를 뜯던 그해 겨울, 산짐승 발톱이 길게 자라던 새벽이었다 뒤란 돌담 너머 장독대 어디쯤에서 자라나던 갓난아기의 울음소리 갓 태어난 맨몸은 누대에 걸친 포대기에 덮인 채 차디찬 별을 앓았다

무서움에 칭얼대던 그, 어머니의 양쪽 젖무덤 사이로 숨었다 새벽이 쓰러진 후에야 애절한 울음은 끊겼다 불시에 공범이 된 아침 그 애는 애장터로 가버렸다 그날 이후 그는 그 애 살 속으로 들어가 살았다

어둠의 자식들이 쓰레기더미에 신문에 싼 핏덩이를 버리고 갔다는 뉴스가 떠돌았다 신문에 싸여 버려진 아이는 쉰 해 전 그 애였다 그들이 마지막 은신처인 살 속으로 도피할 때마다 그도 낡은 망토 속에다 새끼를 버리곤 한다는 풍문이 나돌았다

---

* 천운영 소설 제목에서 빌려옴.

개와 늑대의 시간

자, 먹이를 놓을 시간이에요, 시계가 뭉그적 몸 바꾸면 군상들은 일제히 물었던 먹이를 놓고 슬금슬금 야성으로 돌아선다 한때 신과 맞닿았다던 인간이 한없이 쪼그라든 각자의 먹이통에 골몰하다 그가 은근슬쩍 몸 바꾸면 일사분란하게 야생으로 몰려든다

입은 점점 더 검게 벌어지고 검은 입구로 들이닥친 늑대들, 상실한 꼬리 찾을 사이도 없이 생식기, 입〔口〕 수를 늘리는 데 동원된다 낮보다 환한 밤, 꿈은 빛을 피해 달아나고 빛은 온 밤 내 꿈을 추적한다

밤낮의 경계에서조차 느슨한 휴식, 시분초의 협박에 사바나의 기억 순순히 벗어버렸다 그림자는 침묵으로 떠돌았다 죽음이 목전에 다가선 후에야 풀려난 숨통들

의식이 본래의 자리로 되돌아가는 건 잠들었을 때뿐이니 괜스레 과장된 몸짓 마라 일생이 입〔口〕에 바쳐지므로 결국 남는 건 시간뿐, 크로노스의 숫자 게임 거부할 수 없다면 차라리 즐기시라 서두를수록 옥죄는 게 그자의 본성이니

고래 뱃속 이야기

먹장구름이 낮은 포복으로 신명리를 점령하자 바다는 순식간에 요나를 삼킨다 고래 뱃속에 빠진 요나, 서둘러 우레를 앉히고 나면 허기는 회전문을 넘어선다

허름한 식탁에 홀로 앉아 소주를 마신다 니네베의 야생이 꿈틀댄다 다시스를 향하던 이성은 꼼짝없이 결박당한다

취기는 요나를 니네베로 날랐다 니네베인의 횡포는 온몸을 점령했다 삶을 조그만 초콜릿 상자로 둔갑시키고 하루치의 야생에 육체를 티끌로 뭉개버렸다 비로소 완전한 자유를 얻은 탕아

바다에 빠져 흐느적거린 사이 그 안에 수백만 년 잠자던 익명의 아르디(Ardr)들 신명 나서 아우성쳤다 광속에 싸인 채 은빛 파도를 출렁였다 하늘이 몽땅 바다에 빠진 날 낮술에 취해 고래 뱃속에 들었던 낯선 하루 요나 이야기의 전모다

목욕탕에 핀 장미

라디오 〈싱글벙글 쇼〉에서 조직폭력배들 목욕탕 간 얘기가 들린다. 달팽이관에 빠진 내가 장미 문신을 따라 남탕으로 들어선다 뿌연 안개 속에 장미꽃이 만발하다 줄기를 따라 탐스럽게 핀 꽃송이를 지난다 가시넝쿨 아래로 키 낮춰 스칠 즈음 불쑥 솟는 아기천사 하얀 손, 거기에 천사가 살고 있을 줄이야

장미 정원은 천사를 품고 뽀얀 새털구름을 벗겨낸다 잠시 후 탕 밖으로 이동하는 정원들, 탈의실은 순식간에 장미향에 잠식된다

—애들아 아기 잘 씻겼는지 찬찬히 살피거라 마누라 역정 낼까 두렵다

꽃밭 사이를 천진난만하게 날아다니는 아기천사, 겨드랑이 손질을 꼼꼼히 끝낸 정원이 우르르 밖으로 쏟아진다

쥐죽은 듯 조용하던 탈의실이 일시에 소란에 휩싸인다 동시에 우당탕탕 계단을 뛰어오르는 발자국 소리에 탈의실 문이 제풀에 벌컥 놀란다 사람들 저마다 석빙고에 갇힌다

—아, 우리 아기 스웨터를 놓고 가서

의자 위엔 날개 접힌 분홍 털빛의 스웨터가 앉아 있었다 공포에 갇혔던 눈알들이 녹는다

꽃밭에선 꽃들이 모여살고요 라디오 밖으로 신나게 빠져나오는 우리 유치원을 따라 남탕 문을 나선다 우리 유치원 우리 유치원…… 귓바퀴에 걸린 천사가 연신 종알댄다

골굴사 풍경

도원으로 망명을 꿈꾼 날
명치끝에 숨겨둔 골굴사를 꺼냈지요
화선지 위로 파르르 떠는 산몽화
구깃구깃 접혔다 펴진 길을 따라
골굴사 뜨락에 피어올랐지요

산문에 섰던 진돗개
어슬렁 속세를 배웅하고 돌아서면
청춘의 한낮 돌탑에 새기듯
목탁은 우렁우렁 제 빈속 다독입니다
층층이 굴곡진 계단을 끌어안은 동백
누구보다 당신을 사랑했다나요

마애여래좌상이 그려놓은
한 폭 풍경화로 걸린 골굴사
도회로 삐져나온 다람쥐의 족적을
서둘러 봉인한 채
산허리 뼈마디 골—굴 문양들

제각각 환하게 내걸었습니다
참꽃 속에 살던 어린 부처
아장아장 입안에 들어
우주 밖을 배회하던 한나절이었습니다

저인(邸人)*

—장생포 고래박물관

하늘과 땅 사이에 어스름 고인 저녁
수면 한 켜 끌어당겨
한 마리 고래와 마주한다
바다에서 육지로,
다시 바다로 돌아가야만 했던
신화에 귀 기울이면
여직 잠들지 못한 눈동자에 어리는
중년 사내 불사의 영혼
흰 부챗살 손마디로 읽는다
지느러미가 손으로 진화해야만 했던 건
생계를 위한 가장의 처절한 몸부림
그 손마디 내 심장에 부싯돌로 올 때
부레는 허파의 호흡이 되고
눈물은 진주가 되어
마침내 우리 마주 잡은 손 사이로
뜨끈한 체온 홍건히 게워냈다던가

---

* 산해경회도(山海經繪圖) : 명대(明代) 정응호의 그림, 바다에서 비단을 짜서 육지로 팔러 나갔던 중년 남자 인어.

제2부

거미

그해 여름 마당 장독대 위에 임신한 여자가 만삭인 채 매달려 있었다 때때로 땡볕에 목이 바랜 간짓대가 검게 탄 여자를 툭 내리치기도 했지만 아침이면 그 모습 그대로 매달려 있곤 했다

끼니때마다 열한 명의 흡반들 촉수, 장독대 위 까맣게 탄 여자의 정수리에 박혀 있었다 익명이 된 사내가 주막 문지방 사포질하듯 타넘어도 만삭인 배 끌어안고 바람의 지문을 새긴다

사방에 팔다리 걸어놓고 허방 조금씩 끌어 옮길 적마다 온 우주가 곤두박질쳤다 비와 햇살의 포로가 된 여자, 모시에 뜯긴 혀에 박힌 통증 대명천지에 물구슬로 걸린다

그 불룩하던 배, 거꾸로 매단 공중의 처소가 내 탯줄의 시원(始原)이었다

프로메테우스의 독백

메뚜기와 초인 사이를 헤매느라 길을 놓쳐버렸다
머리에 달린 내장이 터진 나는 중환자실에 갇혔다
의식은 곧바로 되찾았지만 이미 몸은 박제된 후였다
손발 묶인 채 낮이면 심장이 쪼이고
밤이면 다시 심장이 자라나는 고통을 번복한다

저승길 수도 없이 넘보지만
링거는 물관부를 결박하고 어림없다 한다
육체는 썩어 욕창이 고이고
쉬파리처럼 아우성조차 칠 수 없다

끔찍한 현실을 외면하느라 눈감고 안으로 들어가련다
몸 밖에서 세차게 흔드는 이들
눈떠 보세요, 할아버지, 영감, 아버지, 자네

극복되어야 할 것이 그 무엇이기에
귀는 닫을 수조차 없이 만들어져
몸 밖에 있는 다정들을 하루에도 몇 번씩 삼켜야 하는가

열이 임계점을 향하고 가래가 수시로 목을 조여도
이 별에서 저 별로의 항해는 아직 이르다 한다
육체에 가해지는 형벌이 극에 달해도
아직 이 길을 되돌릴 사람은 없다 한다

지난 내 흉허물들을 하루에도 수없이 되살며
고통과 장탄식이 내 몸에 기거하도록 내버려둔 채
생의 부박함과 죽음의 일상화에 대해 온몸 묶인 채 긍정하고 있다

달빛 소나타

달빛 속일수록 외로움은 웃자란다
창틀을 타넘은 달빛
베개 삼아 고요하게 엎드린다
오래전 꽃잠 잊은 뼈 하얗게 식어
체온을 위해 무엇이든
껴안고 잠들고 싶은 밤
자귀나무 검은 뼈에 기댄다

감정의 층위에 쌓아올린
너와 나의 언약은 불안정 마디여서
더없이 광활한 귓바퀴 속
높은음자리에 천착한다
닿는 순간 사라지는 너의 부재에
멀어질까 두려워 그토록 아팠다
풍경을 머금을수록 창백한 달처럼
고픈 귀 음계를 품는다

휘몰기도 하고 흐느끼기도 하던,

귓바퀴를 순례하는 은둔자
잔뜩 웅크린 몸에
은빛 옷 한 벌 입혀놓고
손풍금을 켜듯
갈비뼈 스물네 마디 더듬다
막잔의 쓸쓸한 취기로 돌아 나온다
감긴 눈, 광막한 내부에서
몽고대왕*의 흰 얼굴 만져진다

---

*하이든이 베토벤에게 지어준 별명.

팔순에 젖이 돌다

어머니 팔목에 얼굴 묻을 때 알았다 비린 것이 반짝이는 이유를

—얘야 새벽이 들이치면 가야 한단다

횃대에서 닭이 목을 놓았다 낮이면 세이렌이 되었다가 밤이면 아라크네가 되는 어머니

소리와 날개를 짓느라 품을 대주지 않았다 소리와 날개는 지상의 것이 아니어서 짓기가 무섭게 소멸되었다 젖은 진종일 불어서 쉬어버렸다 한다

한여름 탯줄은 좁은 어깨 너머 골목을 향해 늘어졌다 여섯 살 언니 등에 기거하며 개구리처럼 납작 엎드려 지냈다 등에서 석탄 타는 냄새가 났다 허기에 젖니가 근질거렸다 뒷다리 근처에서 발가락이 돋았다

길목은 질경이를 무성하게 키웠다 언니는 발목이 수시로 무너졌다 땡볕을 입에 문, 천 년을 빌려 산 뱀 유혈목이 무너진 발목 근처에서 목을 빳빳이 세우곤 했다

>

그날 이후 떫은 것은 나의 양식이 되었다 아릿한 맛이 배꼽에 고였다. 팔순에 와서야 어머니 내 곁 맴돌며 칭얼거린다

—얘야 너만 보면 자꾸 젖이 돌아야

눈에서 비릿한 것이 배어 나왔다 반짝 하고 빛을 발하는 것이었다

거울

송광사 비루에 걸린 북
어스름 내리면
스님 그림자
제 몸에 들인다
북에 든 그림자
호흡을 가다듬고
북을 두들기기 시작한다
제 검은 형체를 향해
머리 어깨 가슴
인정사정없이 내리친다
내 온몸 구석구석
죽비 든 것처럼 시원해진다

펄을 깁다

입가에 남색 바람을 문 사내가
물의 요람인 호수로 철벅 들어간다
허리춤까지 끌어올린
물 장화를 입고 갈대와 맞선다
갈대가 흔들릴 적마다
사내는 전신이 무너진다
통증을 켜켜이 껴입은 것은
쉬이 놓지 못하는 것이 있다는 듯
서로의 멱을 잡고 놓칠 않는다
한참 동안의 실랑이에 지칠 즈음
정오가 번쩍이는 태양 불을 발사한다
그제야 뭉치 밥에 찬 막걸리 한 사발
고수레로 받는다
온몸 마디마디가 허방인 탓에
서로의 허기를 캐느라
진종일 펄의 허파가 벌렁댄다

아귀

대지가 검은 밥 먹기 시작하면
네온사인 간판 부스처럼 달고
땅속으로 출근하는 여자
심해를 나선형으로 만 계단 끝
지하 물고기 노래방

반 평 남짓한 부스마다
칸칸이 물고기 이름 내걸었다
아귀 도치 곰치 풍수
죄다 입 큰 물고기만 걸려들었다

눈뜨고 자는 물고기는
소리끼리의 우롱이 소통인 듯
고성방가가 지축을 흔든다

난데없이 도치방, 문 벌컥 열리고
집기 던지며 난동 부리는 취객 사이
속이 비어 실실 웃으며 말리던 여자

무량한 발길질에 아가미 빠금댈 때

그곳에서 보았다

눈물이 가장 많이 든 것이 밥알이라는 것을
그 큰 입에 비해 턱없이 비좁은 목구멍을
내장 가득 찬 허기를

도플갱어

천 년 전 파드마삼바바가 예언한
베율*을 찾아 떠돌다
수만 굽이 억겁의 땅
칭창 열차는 단 이틀 만에
전생으로 나로 되돌려놓았다
고산증세에 기진맥진한 채
한숨 돌리려는 찰나
쪼꼬렛또 기브미를 외치며
앞을 가로막는 트레퐁** 사원의
꼬질꼬질한 아이들 속에서
예닐곱 살의 나와 만난다
엉거주춤 화해의 손짓으로
사탕을 건네자 온몸에 와서 박히는
천수관음의 눈과 손
덜미 잡혀 만다라 탑돌이를 한정 없이 도는데,
언듯언듯 예닐곱 살 전생인 나와
현생의 중년인 내가 순례자들 틈바구니에서
숨바꼭질하듯 스치는 게 보였다

그 뒤를 카일라스*** 산

그림자가 따르고 있었다

---

* 지상 낙원의 땅.

** 티베트 3대(조캉, 트레퐁, 세라) 사원 중의 하나.

*** 샹그릴라, 즉 지상낙원이 존재한다는 산.

발견

벽돌 공장 담장 밑에 살구나무 한 그루 세 들어 삽니다 좁은 평수에 뿌리 내린 빈약한 아랫도리 이파리 과적에 휘청거립니다 꽃잎 안, 별의 화원에 봄 한철만 벌은 와서 광란을 켭니다

겨우내 어디서 지내다 왔는지 벌은 숨차게 허(虛)궁을 탐합니다 꽃 둘레를 돌 때마다 육각의 대궁(大宮)은 벌의 집이 됩니다 밀원마다 별 둥지 내걸립니다

태양이 새 혈을 빨아들이는 동안, 벌은 푸른 알만 잔득 슬어 놓고 오간 데 없습니다 천둥번개가 살구 정수리를 내리쳐도 섭벌은 오일루스를 따라 떠돌기만 합니다

살구나무는 저 혼자 하르르 난산을 합니다 벌집에서 수태된 푸른 알들이 이파리에 그늘을 구겨 넣습니다 나뭇가지 사이로 태양을 오려 자줏빛 땅에 떨굽니다

그 영토 밑을 맴도느라 나는 시큼한 맛부터 배웠습니다

보리피리

어메는 독작골 보리밭에 앉아
멧비둘기처럼 울었다
모식골 강변 깊어 그 소리 아무도 듣지 못했다
집채만 한 울음 클롭 서클*
소용돌이가 되어 골짝을 몰았다
돌각에 묻힌 한 살도 안 된
고추가 아까워서
고추가 아까워서
어메는 가랑이를 벌리고 앉아
휘모리 중중모리로 산봉우리에 널었다
나는 고추를 달고 태어나지 못한 게
죄인 것만 같아 골짝 너머로 흰나비처럼 가고 싶었다
아베는 섭벌이 되어 떠돌고
어메는 샘이 깊어서 평생을 울었다
내 귀는 오랫동안 그 소리에 두들겨 맞느라
퍼렇게 멍이 들었다

---

* 클롭 서클(Crop Circle) : 곡물 밭에 생긴 거대하고 정교한 기하학적 디자인의 선과 원형 그림.

가터뱀의 외출

나는 냄새와 온도로 사내를 읽는다
푸른 절벽에서 대지의 비밀을 캐다
광휘에 말려 버렸다
돌이끼들은 바위에 융단을 깔고
수천의 가터뱀 메인팅 볼(mating ball)*
태양 불의 잉태를 선동한다
행위의 파장 신경 올을 관통한다

대지의 촉각에 벌판은
거칠 것이 없어 건들거렸다
여체를 에워싼 꽃의 수술처럼
숲의 목소리들 말을 건다
순식간에 뒤엉켜버린
암수 수십만 교미공의 파도 lin28a**
대지의 심장을 메운다

단 한 번의 외출에 수천 볼트 전류에 감전된 내가
냄새와 온도에 쫓겨 돌확에 몸 잠근다

태풍으로 인해 혼란에 빠진 숲처럼
머릿속으로 수천 마리의 흰 새가 날아든다

---

* 청춘 샘물 활성화 물질.
** 수십만 가터뱀들의 교미 현장.

잠수종*

때때로 너는
북채를 든 천둥이었고
나는 그 안에 잔뜩 웅크린
먹장구름이었다
눈매로 오던 살가움
터진 논바닥 같을 때
느리게에서 점점 빠르게로 오던
너의 북채
채만 잔뜩 쏟아놓고 너는 가고 없다
인간 불변의 영토인 그곳에
나는 갇혀버렸다

그늘인 동시에 습인 그곳
죽으면서도 성장하는 먹물버섯처럼
나의 어둠이 또 하나의 견고한
너의 어둠에게로 가서 감금되었다
빠져나오려고 파닥일수록
향기에 촉수가 물린 나비처럼

점점 안으로 침잠되고
치사량의 끄덕임만으로
네 안에 갇힌 나를 쏟을 수는 없는가

---

*육체에 갇힌 영혼.

소혹성 B 612호

횡단보도를 사이에 두고
한 무리의 행성과 마주 선다
파란 등 건널목에 내리면
방금 졸업장을 빠져나온 듯한 아이들
재재대며 사방을 뒤덮는다
버카충* 해야 하는데
오링**이 없다
생소한 언어의 물비늘
귀맛 당기며 파닥인다
녹슨 안테나를 뽑아
오감의 벽을 타진한다
막에 갇힌 파장이 입술 밖
의문을 훔치며 웅웅댄다
잠깐 불시착한 지구에서
명왕성은 소혹성과 타전 중이다
귓바퀴의 난동에
팔다리가 굽어 버둥대자
지구의 표정 어둑해지고

신호등 붉은 눈으로
서둘러라 등 떠미는 사이
장미꽃 다발 속으로
쏜살같이 사라지는 아이들

---

*버스 카드 충전을 줄인 말.
**'돈이 없다'는 뜻의 신조어.

빈집

양은솥마저 떨군 시골 부엌 아궁이 뻥 뚫린 채 민망한 풍경으로 남았다 훈기가 사라진 아궁이 주변 그을음만이 한때 혈기 왕성하게 심장 펌프질하며 식구들을 길러내던 흔적을 말해준다

부엌은 우리들의 태반이었다
오물꼬물한 생명의 착상들, 어머니 고무래 불 땀 먹고 자랐다 음식 맛 눈물 맛에 길들 때쯤 누가 먼저랄 것도 없이 하나 둘 식탁에서 사라졌다 어머니 고주박잠으로 채워지던 식탁에 마지막으로 남았던 막내가 떠났을 때 어머니의 아궁이는 폐경을 맞았다

내 집에서도 온도가 달아나기 시작한다
먹이가 풍부해진 아이들이 밖에서 피돌기를 시작한 탓이다 식구를 담았던 골반 느슨해질수록 부엌 서늘해졌다 마치 공기의 주둔처럼 그곳, 가족의 급소라는 걸 아무도 눈치채지 못할 때

마음 둘레 뻥 뚫린 빈집만 늘었다
자궁을 떠나서는 살 수 없는 이들, 텔레비전에선 북극곰들의

참사 소식이 빠른 속도로 남하할 때, 뜻밖에도 기척보다 먼저 식탁에 도착한 건 북극의 찬 기류들이었다

강을 풀다

살다보면 울고 싶은 때
나는 거기로 가서 내 안에 가둔 강을 방류한다
불의 강 망각의 강 비통의 강

경주 화랑관 앞 은행나무 가로수 길
양옆으로 길게 도열해 선 숙련된 나무 아래
속엣것 물바다가 될 때까지 토한다

범람하지 않는 강물
멍들고 노래지던 것들에 몰두하다 보면
종내엔 내 안 가시가 둥글어진다
만져지는 거라곤 젖은 물기뿐이었다

살다보면 울음을 방목하고 싶은 때
나는 요동벌판보다는 나만의 모퉁이인 거기로 가서
심장에 가둔 강물,
역류 방지 밸브를 풀곤 한다

제3부

발굴

아뿔사 부곡 양반,
지하 신전 노니다 급히 끌려 나오느라
미처 하반신을 챙기지 못했다
어깨 위 가사는 간신히 걸쳤지만
미탄사(味呑寺)에 두고 나온 아랫도리
종적 미궁 속이다

뒤통수 긁적이며 난감해하다
제 아랫도리 황룡사 집에 잠깐
들렀다 잃었을 뿐이라며
행적 일체 발설하지 않는다
부곡댁 추궁에 급소가 찔리면
실없는 박장대소로 되받다
급기야 고함까지 내지르는 저 나한상(羅漢像)*
삼국유사 미탄사지 지하궁에서 보낸
천 년의 일상 낱낱이 밝혀질 날도 머잖았다

---

* 경주 구황동에서 새로 출토된 신라의 토제.

허기를 현상하다

찬거리로 사온 자반고등어
눈 속에 내장된 필름 한 컷
물로 걸러내고 찜통에 얹는다
뽀얀 살에 열을 가하면
망막에 정박해 있던 간난의 물굽이
수증기를 타고 뿜어져 나온다

봄의 열기가 비등점에 닿을 무렵
들밥 머리에 인 아낙의 실루엣
물안개로 상륙한다
흙살 털던 종아리들 앞으로
하나씩 건네지던 고등어 토막
어미는 슬그머니 능쳐놓았다

산도라지 취나물만으로
장딴지에 온통 갈맷빛이 나돌던 시절
고등어 토막, 토끼풀잎에 싸여
짚으로 한 겹 더 여미어

저녁 밥상에 들 순간 기다린다

잘 쪄진 고등어를 입안에 넣는다
세월을 증발한 눈조리개에
물컹하게 현상되는 옛 맛
볼 가득 허기 베어 문 봄
흑백으로 인화되는 허기 한 줌

동산

한 발 물러서면 보인다
그 우듬지가 작은 산인 것을
가까이 다가서면 고해(苦海)를 참다못해
뒤틀어진 형상만 만져질 뿐

머리에 성성한 솔잎 이고
한 오백 년 풍상 낮은 산이 된
청도 운문사 처진 소나무

울창한 머리채 더듬으면
맥없이 축 늘어지고 캄캄해진
제 주변의 그늘이란 그늘 죄다 끌어안고
장좌불와(長坐不臥) 중인 신의 정수리

노송과 나 사이 길은 굽이쳐
만물의 적당한 거리 사이에서
침묵이 도타울 때 삶은 서로를 빼닮는 것
길은 언제나 굽은 마디들이 덧대어 태어난다

소나무가 제 우듬지에 우주를 들이고
둥글어 가는 모습을
어스름이 우묵한 붓질로 그을리고 있다

미장아빔*

눈썹 밑 지상에서
가장 높고 투명한 반구형 호수
눈물의 시원이다

그 까만 방으로 뭇별들 고인다
어둠 속 눈 도랑 은하 넘쳐
별무리 까무룩 잠기는 사이

알았다

이타의 샘일 땐
눈물 한 방울에 얼어붙기도 하지만
그 샘 한 방울에도
무수한 때가 끼일 때가 있다는 것을

사람들은 그것을 용의 눈물이라고 칭하거나
악어의 눈물이라 명명하기도 한다

---

* 이미지 안에 이미지를 집어넣은 예술 기법.

오진

스무 해 된 집
천장으로 연신 고름을 뱉어낸다
그동안 청진기를 든 사람 여럿 다녀갔다
옥상을 짚어보기도 하고
방바닥 박동 수를 재어봐도 오리무중
병명을 찾느라 천장에 몇 개의 구멍을 더 뚫었다
벽 곳곳은 온통 핏물을 흥건히 게워냈다

화장실과 방바닥 내부 순환계를 따라
속내를 열어젖히기를 수십 번
원인은 생뚱맞게도 창고에 있었다
그 사이 벽은 짓무를 대로 짓물러
온통 검붉은 곰팡이들로 득실거렸다
급기야 한쪽 벽을 송두리째 허물고 새살을 발라야 했던,

단순한 위염이라더니 한쪽 유방을 도려내고
거듭된 항암 치료에 허물린 한 봉분 나락의 재연
여자는 분홍 보형물을 제 살처럼 끼고 산다

인편

방에 날개들의 집을 여러 채 들여놓았다
겨울철 습기 조절을 위해 가져온 솔방울
폐허 속 백여 채의 방을 들여다본다
꽃받침에 둘러싸인 것, 온몸이 자궁이다

그곳 물에 닫자 일제히 방문 닫아건다
연꽃무늬 불화살처럼 방마다 빗장 건다
닫힌 문 안, 천둥번개 들이칠 때마다
본능적으로 새끼를 껴안았던
내 폐허가 여직 그 기억 놓지 못하고 있다

방 안 건조해지자 다시 문 연다
날개 퍼덕이는 소리 가득 찬다
솔 씨들 날개옷 입는 중이다

솔방울이 내 방문 앞에 다다른 후에야
씨앗이 날개로 변하는 것을 본다

아귀 2

재래식 시장에서 아귀로 사는 여자
내장을 드러내놓고 산다
속이 훤히 보이는 탓에
야금야금 꺼내 먹힌다
사람들은 그녀를 속없는 아귀라 칭한다
여자의 헛헛한 뱃속 들여다보면
버림받은 열 살이 있고
더부살이 몽환에 든 두 아들이 산다
아가미 촘촘히 박힌 간난에
실실 웃으며 긴다
비우지 않으면 버거워서 가라앉는 아귀
여자의 입속에 통 큰 허기가 가득하다
그녀가 펼쳐든 사금파리만 한 시장 모퉁이
팔다 남은 생선 위에
팔이 없는 포옹이 풀린다

척박한 땅의 꽃대는 마른 잎도 버겁다

화양연화(花樣年華)

앞산 뒷산이 만산 홍역을 앓을 때
연화도 민박집 대청에 누워
비 듣는다
꽃불에 지진 눈
아슴푸레 홑처마 밑을
지나는 낙수 소리에
옛날을 뒤적인다
뚜각 뚜각 뚜각
청춘의 꽃발
가만히 귓불 어르면
처음엔 토독토독
조심스런 발이었다가
무심한 척, 돌아누우면
늑골 가까이
뚜벅 뚜벅 뚜벅
크게 키운 심장 박동 소리
섬으로 난 길 돋우며
내게로 온다

손톱 끝에 겹 봉숭아 물들이던
옛길 모퉁이 돌아
처마 밑으로 발목만 움푹하게
떨궈놓고 가버린,
비는 생각 때문에 긴 장대처럼 외줄로 온다

곱등이

아이들이 사라진 골목은
온통 그들 차지였다
비쩍 마른 안짱다리
합죽한 턱 푸른 입마개로
가린 채 골목을 누빈다

마당에 쌓아둔 폐지의 종적
묘연하던 날
더듬이로 폐지를 좇아 대문을 넘는다
육중한 철문이 내지르는 입방아에 불을 켜자
빛의 파장에 놀란 듯
그 어떤 동선에도 꿈쩍 않는다

가느다란 다리
잔뜩 쪼그린 두 무릎으로
양쪽 귀를 덮고서
어둡고 안 보여서 먹었던 게
습의 유토피아였던지라

정적과 함께 정지상태다
리어카로 옮아가던 폐지도 멈췄다

한동안의 대치에 바람이 폐지를 들춘다
서둘러 리어카를 끌고
벽돌 속으로 몸을 구겨 넣는다

금강해설

동안거 하안거에 든 절간처럼
소광리* 골짝 적막에 갇혔다
겹겹이 푸르다
붉은 둔덕에 한나절 볕 살갑게 내려와
불끈 솟은 금강송 더듬는다
하늘 강 햇살만 사는
인적 드문 개골에
잎사귀마다 내려앉은 가을
온몸 만질 때
쇠처럼 단단하게 다진 마음
근엄한 척 허리 곧추세워도
바람이 금강 속 슬쩍 더듬었을 뿐인데
끊임없이 흔들리는 저 어깨
직립의 곧은 속내
큰바람보다는
잔바람에 더 심한 간지럼을 탄다

---

* 경북 울진군에 있는 작은 소나무 마을.

꿈

승천 길 따라
수만 리 온다고 왔는데
여전히 미꾸라지 신세라서
도랑을 벗지 못했다

영적 비행

내 첫 죽음 비행은 첫돌 무렵이었어. 나도 모르는 사이에 강보에 싸여 홍역이라는 신호로 출발했지 첫 비행치고는 너무 길었어 혼이 가벼워 거의 일주일을 헤맸으니, 아마도 모호*의 마지막 단계인 빛의 산 너머까지 간 모양이야 천사를 막 만나려는 참이었지 문상차 시골로 온 서울 의사 양반 주사바늘이 막무가내로 지상으로 끌어내렸어 돌팔이 의사였지만 나는 다시 지구로 돌아올 수밖에 없었어

두 번째 비행은 첫 번째보다는 좀 짧았지 두 살 무렵 강가에서 이루어졌지 언니 등에 업혀서 물놀이 갔었어 강변에서 놀다가 아무도 모르게 엉금엉금 물속으로 기어갔지 한참을 물에 떠밀려 올라갔지 그땐 모호의 단계까지는 못 갔던 것 같아 허둥지둥 달려온 언니 친구들이 강제로 끌어내렸기 때문이지 그곳은 아마도 포근하고 아늑한 곳이었을지도 몰라

세 번째 비행은 세 살 무렵이었어 앞의 두 번보다 비행시간은 더 짧아졌지 탐사는 점점 더 길게 나아가야 하는데 혼의 비행은 몸무게에 비례해서 시간이 단축될 수밖에 없나봐 이번에는 무

방비상태로 오른 거야 어떤 술 취한 사람이 갑자기 할머니 무릎에 앉은 나를 마당으로 던져버렸거든 어쩔 수 없이 갑작스레 이루어진 이륙이라 순간적으로 올랐지 무릎에서 마당까지, 할머니가 허둥지둥 올라가는 나를 끌어내리더군 그땐 갑작스런 출발이라 허둥대느라 위치 파악조차 못했어

네 번째 비행은 한참 후에 이루어졌어 술을 출발 신호로 삼았던 거지 비행치고는 가장 고통스러웠던 순간이었어 구토와 배설을 종일 동반했거든 모호의 첫 번째 단계까지도 못 올라가고 되돌아오고야 말았어 내 아이들이 간절히 부르고 있었거든 아이들 때문에 더는 오를 수가 없었어

다섯 번째 비행은 좀 민망하게 이루어졌어 가장 단시간에 이루어진 케이스야 자다가 이루어진 비행이었어 급체를 출발 신호로 썼었지 기분이 약간 우울해도 그냥 잠자리에 들었어 갑자기 배가 아파오더라구 왜 이렇게 배가 아플까 화장실에 앉았던 게 어느새 모호의 중간 단계까지 올랐던 거야 더 올라가려는데 이번엔 그곳에 있는 내가 부끄럽다고 소리치더군 깨어보니 글

쎄 화장실이었지 뭐야 딱했지 온통 식은땀뿐이었어 모호의 중간단계에선 내 지나온 모습과 직면해야 했거든 너무 싫었어 내 모습이 창피해서 도저히 내 자신과 대면할 수가 없었어 누군가 끌어 내려주기 전에 스스로 돌아와 버렸지

사람은 죽기 직전에 자신의 전 생애를 한눈에 본다고 했어 아마도 영적 비행 마지막 날 보게 된다는 말인 것 같아 남은 비행이 몇 번이나 더 될지 아직 미지수야 기어이 한번은 자신과 마주쳐야 빛의 마지막 단계에 도달할 수 있을 거야

빛의 산 너머에 무엇이 있는지는 갓난아기 때인 첫 번째 비행에서 이미 보았던 거야 아기였던 내가 말해주지 않았을 뿐, 그 아기가 입 여는 순간, 내 영적 비행도 끝나겠지 그땐 내 지난 모습과도 화해를 한 후의 일이 될 거야

---

*베르나르 베르베르의 소설 『타나토노트(Thanatonautes)』 인용.

왕의 귀환

팔순이 된 사내의 행적을
운문사에서 만난다
앞산 진달래 한 팔로 안고
범종루와 만세루를 끼고 앉아
희희낙락하는 모습 영락없는 그다
두레 방석을 깔고 앉아
융숭한 대접 받는 것도 그대로다
기방 집 떠돌며 햇살 홀쭉해질 때까지
유유자적하던 그
낮부터 벌써 꽃멀미에 대취했는지
온몸 근육들 불콰하다
처녀들 살 내 나는 경내에서
팔자걸음 일주문을 넘나든다
누군 대낮부터 홍타령이고
누군 이두박근 삼두박근
힘겹게 떠받치고 섰는가
그 팔순의 행적
운문사 처진 소나무에게서 본다

천궁도(天宮圖)*

신은 한쪽 문이 닫히면
다른 쪽 문 열어준다지

엄마 뱃속이 한 생의 전부인 양
양수 속 유영한 열 달이
일생의 종말인 줄 알았지

열 달을 모두 산 쭈글쭈글한 신생이
마지막 숨을 몰아쉬던 날
둥근 양수의 방은
맹렬한 기세로 빙글빙글

엄청난 속도의 소용돌이와 만나
블랙홀 같은 물멀미 속으로
속수무책 빨려들었다지

죽음인 줄 알았던 길고 캄캄한
문밖은 다음 생을 향한 자궁문이라지

>

현생은 꿈에서만 전·후생을 만나
끝없는 숨의 방문은 죽음 성숙을 위한 것
긴 죽음 가운데로 난
잠깐의 출구에 불과한 것이 그 문이라지

---

*자궁을 우주 천체의 궤도에 비유한 것.

동행

열여덟 초설처럼 건너오던 네 마음
잠깐 눈 덮인 처마 밑에 있자고 했다
왜냐고 물었을 때
넌 천지 쌓인 장독 만지작거리며
그냥, 그냥이라고 답한다
격랑 에돌던 벼랑 끝점
나는 어둠 속으로 들고
넌 대낮 쪽으로 갔을 때
네 눈에 내가 얼어붙었다 했다
연유 물었더니 다 알아서, 라고 한다
부은 발등 어디다 묻었는지
목울대 어떤 골짝의
물소리로 흘러들었는지
다 보여서, 라고 답한다
속울음 물모래 지던 에움길
단 한 번도 네게 드러낸 적 없는데
고스란히 네게 들킨 것 같은 말의 연(然)
더는 왜라는 막, 던질 수 없었다

제4부

첫

첫에는
아리게 베인 기억이 내장되어 있다
몇 끼를 굶어도
울지 않던 수고양이가 운다
밤에
홀로
허공 파먹을 듯이
별리라는 것
주린 배보다 더한 아림인 듯
목젖 터지도록 불러도
한번 가버린 것은
다시는 첫, 으로는 오지 않아
소리로 추억을 나르는 트럼펫처럼
토해내는 울음에
복숭아 가지 위에서
각혈하는 봄
연분홍 꽃구름 게워낸다

다비장 길

룽다*가 펄럭이는 머리채로 바람을 연주한다
음표처럼 부푼 공기는
끈적끈적한 질료를 뿜어댄다
죽은 자의 숨결과
산 자의 비올라 목소리가 피리로 변주되는 그곳
나보다 먼저 도착한 건
백여 마리의 독수리 떼였다

여직 놓지 못한 울음은
숨을 지운 정소에서 노래가 되려 한다
히말라야 그라폰 독수리들
식탁에 점잖게 앉아 악기가 될 몸을 기다린다
백색의 공포에서 놓여난 주검이
도마 위에 얹힌다
잠에 취한 대지의 중얼거림에
두 발 걸음으로 다가선 독수리
결코 서두르는 법 없이 능숙하게
눈 코 입에다 피리 구멍을 뚫는다

>

이백여섯 마디 몸 안 가시는 악공이 된다
C와 F# 사이 증4도와 감5도**를 연주한다
육체가 악기로 변주되자
독수리들 쓱싹 입 문지르며 물러선다
무릎이 비명을 옥타브로 찔러 음을 완성한다
휴지에서 말이 사라진다
전생이 돌아 나온다
일곱 구멍 뚫린 두개골
바람의 입 빌려 노래를 한다
비로소 태어날 때 미완이던 울음 완창된다
등 뒤에서 서늘한 갈채가 쏟아진다

---

* 티베트에서 높다랗고 둥근 기둥 끝에 매단 천에 새긴 경전. 지혜의 말이란 뜻.
** 중세의 종교 음악에서는 이 음정을 사용하는 것을 금지했음.

나이테

밖은 불볕인데
손발이 얼음장처럼 차다
가지 끝마다 뿜어져 나오는 냉기
겹겹 싸안아도 언 몸으로 빙하가 샌다
뼈마디 관절 마디에서 일던 삭풍
다 살고난 후에야
울울창창 희미해지는 나이
면벽을 향해 애면글면 끓던 강물
몸에서 누수된다

한밤중 사위가 침묵에 휩싸이면
육체라는 펄에 갇혔던 습기
손발에서 무릎도리를 지나 정수리로 향한다
심연 깊숙이 침잠되어 있던
구름과 천둥의 일가 전진한다

시리다는 것은
헐거워진 관절이 매듭 푸는 소리

그 밤 매미는 밤새 배꼽을 더듬었고
내 안 엇모리장단 음계 부분
지웠다 긋길 반복하며
나이테 하나 더 얹었다

이성과 망상의 경계

너무 깊이 들여다보지 말아요
경계를 넘보면 아주 위험해져요
열세 명의 아이가 골목을 질주하고
해바라기 노란 귀가 달아난 것도
경계를 넘본 때문이죠
그 너머엔 그가 있어요
잠을 통해 죽음에 길들이는,
그를 만나려면 내가 나를 먹어야 해요
그 빛에 닿는 순간 눈과 귀는 닫혀버리죠
오직 목소리만 그의 메시지를 전달하죠
차라리 자아분열보다는 모방을 선택하세요
모방보다는 분열이 안전하겠지만
분열은 추방에 밀려 유랑에 나설 뿐이죠
여덟 개의 팔다리가 물갈퀴로 퇴화하면
진화는 퇴화조차 의심해야 해요
시간의 바깥에서 환청이 지나는 소리에
자꾸 귀가 기울면 상상에서
억지로라도 생각을 떼어내야 해요

망상이 탈출을 감행하는 소리에
정신이 자꾸 그쪽으로 쏟아지면
분열은 몸 갉으며 개체수를 넓혀가겠죠
무아지경이 눈과 귀의 형체를 허물어 버릴 때쯤
뒷목 깨물던 차가운 이성은
모래바람이 벌인 미지의 일이 되겠죠

서어나무

실버 요양원 정원에
속이 텅 빈 채 누운 서어나무
회백색 다리 부르튼 힘줄로
그렁그렁 수분 끌어올리느라 비틀대자
정작 내 몸에서 축축한 여자가 빠져나온다

영안실 안쪽 벽면에 일백오십 센티미터
불강아지처럼 야윈 여자
거룩한 몸 경배라도 하듯
온몸이 지려대던 지린내
앙다문 눈, 생의 발악까지도
찌든 냄새들이 곧추세우고 있었다

뿌연 황사가 맨살 데쳐도
층층이 뭉개진 이파리는
건조한 생몰연대를 훑어댔다
—아들 하나 얻으려고 일생 아귀로 살더니
　요양원 가는 날 입적이니 호상인 게지

애끓는 건 영정 앞 음식을 향해 달려들던
몇 마리 청파리뿐

되돌아간 요람에다 울음보 헐듯
축 처진 생애 풀었다
감기를 반복하던 장송곡
휘늘어진 관절 스스로 껴안은 저 나무
새순에 불그레한 봄을 게워놓고 있다

동업

장안사 가는 길목 난전 주위를 어물쩍거리는데
난데없이 콩새 땅콩을 물고 달아난다
순간에 당한 공습이라 멈칫 하는 사이
두 번 세 번 내 존재 따윈 깡그리 무시한 채
콩새 태연히 땅콩을 나른다

새의 잦은 비행에 올려다본 포란의 집
하늘 실핏줄에 지은 가지에
경쾌하게 모음조 자음조 하는 리듬이 가득하다
아무래도 공중에도 장이 서는 모양이다
한 마리가 지상으로 들면 한 마리가 공중을 나며
땅콩 바구니를 제 것인 양 차고 나른다
내가 난전 주인과 새를 패러디 하는 동안에도
새는 수도 없이 땅콩을 물고 달아난다

눈주름 길게 늘어뜨리고
목울대 턱선까지 오그라붙은
포대 화상처럼 생긴 그 여자

내가 콩새 한 마리조차 품을 수 없어 하자
—지상 공중 반반 나눠야지
애걸복걸하면 병난다 재재댄다
지상과 공중의 동업으로 인해
난전 주위가 활력으로 왁자하다

귀로

고라니 한 마리
새로 난 도로 한복판을 막아선다
질주하는 불빛과 대치할 적마다
아스팔트는 고라니의 발목을 낚아챈다
헤드라이트는 스포트라이트를 쏘아대고
클랙션은 저마다의 목소리를 높인다
어둠의 눈과 명멸의 눈
난폭해진 바퀴는 네 다리를 몰아
갈팡질팡 허공에다 꽂는다
분실해버린 생환의 귀로에서
체념이 핏발 선 눈에서 붉다
되돌리기엔 이미 뭉개져버린 시간
낭떠러지를 향해 그는 몸을 돌린다

그해 가을 단풍나무 가지에
남자는 목이 꺾인 채 잠들어 있었다

울음의 기원

모래 파도를 껴안고 누운 지상의 저녁이면 사막의 말발굽 쓸쓸히 엎혀오고

유랑의 무게 눈 이랑에 물굽이로 엉겨들면 우주의 흉곽에서 버림받은 말의 울음들 뼈대 사이를 배회하다 두 가닥 현의 혈(血)에 지은 울음 집, 올올이 헐고 말리

볼우물 뒤덮은 선인장 우물거리며 모래 구름 뒤를 따라 헤매던 기억과 만나면 후스 르흐* 토해내듯 흐느끼는 마두금 소리, 초원을 뒤덮으며 사방으로 번식하리

내 태생의 원죄는 생몰 연대를 울음에 인식한 죄, 지상의 좁은 문 빠져나와 짧은 귀로 떠도는 동안 전생이 감당하지 못했던 숨죽인 울음의 범람, 마고성의 유선에 닿기 위해선

입술에 튀긴 침 한 방울도 귀로 핥아야 지평선이 환하게 품을 내어주리

---

* '마음을 쓰다듬는다'는 뜻의 몽골어.

뼈 맛

적막을 거둔 망막
한 켜의 야생 뼈대를 발라내면
이제는 공단이 된 장생포
뼈마디가 만져진다
뼈 근원을 몰아 고래 막 오르는 길
정지*에 구름 발치 걸어논 노파의
키 작은 방 안으로 들면
벽에 걸린 흑백사진 속
죽은 고래를 에워싸고 반기살이 하는 사람들
사이, 고래 혓바닥에 걸터앉아 웃는 사내는
반구대에서 알레스카 연안을 회유하던 귀신고래잡이
텅 빈 식당 안
쪽마루에 걸린 알전구 깜박이고
바다는 순순 물안개를 삼켰다 내뱉는다
고래 살 발라내는 굼뜬 손끝
물 구슬 반짝하고 빛을 발하면
공해와 청정바다가 뒤섞어놓은
열두 가지 장생포 맛

접시에 활짝 핀 연분홍 꽃받침으로 피어난다
생기를 위해 바다로 갔던 초승달
수면 밖으로 얼굴 내밀면
한 척 쪽배로 걸린 조각달 안
오로라 빛 꽃불에 에워싸인
구정포** 우물들 되살아나고
청춘인 사내가 백발인 노파를
설핏 품었다 사라진다
장생포 거대한 등뼈의 신화가 포착된다

---

*정지 : 부엌을 뜻하는 경상도 방언.
**구정포 : 아홉 개의 청정 우물이 있었던 것에서 비롯된 울산 장생포동 옛 이름, 고래 해체지였으나 지금은 석유화학공단이 됨.

잃어버린 고리

아침엔 내가 없고 점심은 네가 없다
저녁엔 우리가 없을 때,
내 몸은 허기를 방생한다
한 채의 침묵 덩어리로 앉은 아랫목
온 가족 두레밥상 적막 고일 때
장생포 왕고래 집으로 간다

이미 앞뒤로 잠겨 있는 바다 문
비린 맛 보료처럼 깔았다
장명등 등대처럼 깜박이는,
수평선 반쯤 들인 키 낮은 식당 안
노파의 허리춤으로 잠겨든 수심
어디쯤에서 잃어버린 소통의 고리
지층을 뒤로 한 노파의 퇴화된 등 아래
가지런히 놓인 지느러미뼈에서 찾는다

고래 좇다 바다에 몸 잠근
사내를 향한 기다림 고래 살로 발라질 때

나도 저 길어진 목과의 동종이어서
바다 한 접시 받아놓고
홀로 비린 밤을 뜯는 것인데,
육천만 년 전 육지로 왔다가
다시 바다로 가야만 했던
또다시 바다로 돌아갈 날까지
혼자를 견뎌야 하는 암불로케투스*들인 것

파도는 젖은 발 수만 번
되돌린 기억을 불러오고
기울어진 채 화석이 된 함석지붕 아래
버거운 몸짓 쿨렁 될 때
비닐 창 가득 서리꽃 만개한다

---

* 암불로케투스 : 걷는 고래로 수륙양생이다. 발견된 화석에 의하면 약 육천만 년 전에 생존했으며, 뼈의 구조가 사람과 유사하다고 한다.

간섭

이미 맑은 샘 터져버린 눈물보를 어이하랴
아파트에 홀로 살던 노인, 죽은 지 한참 만에야 발견되었다
냄새가 신고를 하여 세상에 알려진 죽음
경찰이 문 연 후에야 썩은 시체 옆 강아지 두 마리
한 마리는 죽었고 한 마리는 두 구의 주검을 앙상한 몰골로 지키고 섰다
카메라는 이웃에 무관심한 현대인과 죽은 노인만 집중적으로 거론한다
강아지는 감염되었을지도 모르니 동물병원에서 조치를 취할 거라는 짧은 말만 남길
뿐, 인기척이 방안으로 들어섰을 때 강아지 눈에 들어 있던
공포와 반가움 그 와중에 수시로 찾아들었을 허기
난 왜 자꾸 그 강아지의 생사에 주검 곁 맴돈 시간이 묵인될까 걱정일까

깊은 산중 외따로 선 암자
낯선 이의 발소리에 가장 먼저 달려 나온 건 불강아지였다
다가서자 거리를 두고 물러나길 반복한다

꼭 그만큼, 목멤의 거리를 유지한 채 바라만 보는 강아지
먹을 것을 주어도 멀찍이 서서 군침만 흘린다
뱃가죽은 등에 가 붙었고 경계 가득한 눈동자에 강한 흔들림
한 번 바깥 외출에 한 달 넘게 걸린다는 그녀
같이 살던 강아지 죽고 나서 저렇게 사람을 경계한다는데,
아무래도 그 말보다는 산중에 혼자서 한 달을 버텨야 하는
공포와 외로움 그 와중에 수시로 찾아들었을 허기
난 왜 자꾸 그 강아지의 툭 불거진 등가죽보다
혼자 있는 산속이 더 걱정일까

골목에 세워둔 차 밑에 길고양이 편안하게 누워 있다
잔뜩 웅크려 경계가 심해야 할 고양이
누운 폼이 저렇게 편안할 리 만무하다 싶어 다가가니 두 눈 부릅뜨고 죽어 있다
새끼 두 배째 낳고 그 새끼들 생사 물고 2미터 담장 수시로 넘나들더니
오늘 아침 자동차를 이불 삼아 저세상 갔다
첫 배는 이웃 등살에 모두 동물병원에 맡겨졌고

두 배째는 그 생에 간섭 않기로 했다
젖배 채우러 오는 것도 묵인했다
짐승은 죽을 때 제 안태 묻은 곳으로 머리를 둔다는데
분명 그 길고양이 고개 나를 향해 있다
밤사이 천둥 번개가 다녀갔는지
부릅뜬 눈동자 속 공포와 울음 그 와중에 수시로 찾아들었을
허기
난 왜 자꾸 거두지도 못할 그 고양이 새끼들보다 죽은 어미가
더 목이 멜까

일생

은행나무 가지마다 뜨거운 심장 걸었다
바람이 천 개의 손바닥으로
낮짝 내리칠 때마다
퍼렇게
멍들다
노래지다
움켜잡은 것을 놓고 만다
이백여섯 뼈만 남았다

비로소
거칠 것이 없다
자유다

감나무 집

헛바늘 돋은 해가 긴 비늘을 끌고
산마루로 든 저녁
소문난 감나무 집으로 밥 먹으러 간다
먼저 온 소문처럼
난데없이 발밑으로 뚝 떨어지는 청시
뽀얀 배꼽 더듬으면
나를 따라다닌 허기에
훅, 끼쳐오는 젖비린내
고개 들어 후미진 감나무 속 들여다보면
멍석 가운데 옹이처럼 박혀 있는
흑앵 같은 눈망울의 감또개들
제각각 저녁 수저질 분주하다
군데군데 빈 청시 자리는
매캐한 모깃불이 감싸고
양푼은 경쾌하게 두레밥상을 떠다닌다
솥단지는 바닥나 골똘해지고
젖꼭지 느슨하게 풀어헤치듯
어미 제 그릇의 밥 덜어준다

시장기를 달고 사느라
제 새끼 하나 둘 떨궈내던 여름
잘 차려진 밥상과 마주한다
홀로 오래 그을린 흔적에
버려진 죄업, 팔월의 청시와 같을 때
졸참나무 아래에도 너도밤나무 밑에도
솜털 뽀송한 제 새끼 떨어낸 흔적 즐비하다
내가 소문난 집에서 허기를 불리는 동안
잎사귀 뒤집으며 허공을 활보하던 바람
볼우물에 가득 단내 부리고 간다

뒷문에 대한 고찰

어제 살생의 무게로 뒤가 무거우면
조용하게 눈뜬 투명한 새벽빛에다
비밀스런 의식을 치르곤 했다네

꼬리가 주검 처소를 덮은 후에도
뒤는 본다, 로 명명되었지

입이 살생의 문이라면
뒤는 해탈의 문이라
혜안(慧眼)이라지

몸 안 저승길 여덟 구비 돌아
적멸보궁에 이르면
뒤는 생몰 연대를 기록한다네

모든 죽음은 카타르시스에 묻혀
여덟 번째 문* 앞에 다다른 후에야
일생도 완성이라네

하여 후생의 첫 관문이 뒤이니
당신도 항문 활짝 열고 빠져나간 후에야
완전한 생에 이른 것이라네

---

*기욤 아폴리네르가 마들렌 파제스에게 헌정한 여덟 문에 관한 시에서 인용.

착란

텃밭에 장미 한 송이 피었다
잡초들 사이라 목울대가 환하다
아침저녁으로 안색을 살핀다
때때로 건들마가 와서
간간이 고개 주억거린다
오뉴월 낮빛에 꽃 안장 벙근다
무심히 날아든 섭벌 날개가 펼쳐든 것
꽃그늘인가 싶어서 다가가 보니
나비나 벌은 없고
단것과 냄새나는 것에
두 손 싹싹 비비는 것
밖에 모르는 쉬파리들만 잔득 고였다
그들은 장미향을 토대로
한바탕 춤판을 벌인다
그들이 추는 안무에
나는 때때로 장미를 간섭하려는
나를 흔들어 깨우곤 한다

해설

'울고 있는 아이'를 위한 테라피

이형권(문학평론가·충북대 교수)

> 내 태생의 원죄는 생몰 연대를 울음에 인식한 죄, 지상의 좁은 문 빠져나와 짧은 귀로 떠도는 동안 전생이 감당하지 못했던 숨죽인 울음의 범람, 마고성의 유선에 닿기 위해선
>
> —엄계옥, 「울음의 기원」에서

1.

시집을 열자 시인은 이렇게 적어놓았다. "내 무의식 저편에 쪼그리고 앉아 울고 있는 아이에게/손 내민다/그 아이에게 건네는 말이 내 시(詩)의 전언이다."(「시인의 말」) 그렇다면 이 시집을 읽는 일은 "그 아이"가 누구인지 밝히는 일부터 시작하는 것이 순서이다. 그 "아이"는 분명 시인이 시를 통해서 말을 건네는 대상이기 때문이다. 그 "아이"는 "무의식의 저편"에 있다고 하는 것으로 보아 현실의 존재는 아닌 듯하다. 시인은 이어서 말

한다. "이미 늙어버린 아이인 내가,/지나온 과거와의 화해를 위해 시(詩)라는 첫발자국을 내딛는다./과거는 이미 전생이 되었다./진정한 화해는 무의식과 하는 것이다." 여기서 그 "아이"의 정체는 좀 더 구체적으로 드러난다. 그 "아이"는 현재는 "늙어버린 아이"인 "나"의 유년기 혹은 "전생"의 모습인 셈이다. 문제는 그 "아이"는 애초부터 "울고 있는" 것으로 제시되어 있다는 점이다. 그 "아이"가 시인의 유년기라면 시인은 어린 시절을 슬픔과 고통 속에서 살았다고 할 수밖에 없다. 시인은 시를 쓰는 일이 과거의 그런 "나"와 "화해"를 위한 것이라고 밝힌 셈이다.

시가 유년기의 고통스런 기억(시인은 그 기억의 깊이를 강조하기 위해 "무의식"이라고 표현했다)과 "화해"를 위한 것이라면, 그것은 일종의 테라피(therapy) 기능을 간직한 것이 된다. 시의 테라피 기능에 관해서는 일찍이 아리스토텔레스가 『시학』에서 카타르시스라는 말로 표현을 했다. 희랍시대 사람들은 당시 유행했던 비극을 보면서 마음을 정화(淨化)했다. 만일에 당시 비극 작품들이 없었다면 고대 희랍 사회는 생각보다 훨씬 타락하고 삭막한 곳이 되었을 것이다. 전쟁이 끊이지 않았던 당시 사회에서 비극은 상처받은 사람들의 마음을 어루만져 치유하는 역할을 했던 셈이다. 엄계옥 시인의 시는 일종의 자기 테라피 기능을 간직하고 있는 것으로 읽힌다. 시에 등장하는 과거의 아픈 기억들, 그것은 시인에게 깊은 상처를 주었기 때문에 그 아픔은 무의식의 차원으로까지 심화된 상태이다. 엄 시인은 유년기로

부터 현재의 삶에 이르기까지 반복되어온 깊은 상처를 테라피하기 위해 시를 쓴다.

사실 엄계옥 시인을 만나본 사람들은 그녀에게서 상처의 흔적을 발견하기 쉽지 않다. 물론 몇 해 전 등단하기 이전에 한두 번 만난 것이 전부인 엄 시인에 대해 내가 이런저런 평가를 내리는 것은 성급하다. 다만, 그때 나는 엄 시인을 자신에게 주어진 삶의 조건들에 충실히 적응하면서 성실하게 살아가는 사람이라고 느꼈다. 성격도 밝고 심플하고 시원시원해서 그녀에게서 어떤 상처의 그늘을 발견할 수 없었다. 그러나 이번에 그녀의 시를 읽으면서 나는 그녀에 대한 생각을 크게 바꾸지 않으면 안 되었다. 그녀는 많은 상처와 함께 살아왔다는 것, 그러나 시를 쓰면서 그 상처들을 승화하거나 치유해왔다는 것, 이것은 새로운 발견이었다. 마음 깊은 곳에 상처로 얼룩진 그녀가 어둡지 않은 표정을 간직하고 살아온 비밀은 시를 통한 테라피에 있었던 것이다.

2.

이 시집을 온전히 읽기 위한 첫걸음은 시인의 무의식 깊은 곳에 남아 있는 상처의 목록들을 찾아내는 일이다. 이 시집의 적지 않은 시편들이 그 상처의 아픔과 의미를 노래하고 있기 때문이다. 일찍이 랭보가 노래했듯이 '상처 없는 영혼이 어디 있으

랴'마는, 문제는 한 시인으로서 그 상처를 어떻게 받아들이느냐 하는 점이다. 엄계옥 시인은 이렇게 받아들인다. "지난 내 흉허물들을 하루에도 수없이 되살며/고통과 장탄식이 내 몸에 기거하도록 내버려둔 채/생의 부박함과 죽음의 일상화에 대해 온몸 묶인 채 긍정하고 있다"(「프로메테우스의 독백」). "죽음의 일상화"라고 말할 수 있을 정도의 "지난 내 흉허물"로 인해 시인은 상처와 함께 살아온 것이다. 그 상처의 기원은 슬픈 어머니의 생애로부터 출발한다.

목욕탕에서 어머니의
슬픈 연대(年代)와 마주한다
팔순의 몸을 씻기다
오래전 영면한 흉터와의 직면에
못 볼 걸 본 것처럼 쭈뼛 서는 동공
마디마디 어긋난 골격이
돌아앉은 순간에도
듬성한 머리카락이
감추고 있었던 신음 자리
때론 기억이란 무의식이 지어낸
환영(幻影)이라 머뭇대는 사이
손가락 끝이 먼저 당도해버린
움푹 파인 분홍빛 뮛자리
통증이 일시에 전신을 습격한다

등덜미 삭아 내린 팔순의 몸
안개에 묻힌 채 속수무책
상처에 가격당한 줄도 모르고
흉터에다 겹겹이 적막을 쌓고 앉았다
맹금(猛禽)이 떠돌던 봉우리
황막한 처소를 헝클어진 머리숱으로 덮는다
까마득한 시간의 사슬에도
상처는 죽지 않고 그날로 산다
철옹성인 몸 안에다 울음보를 장전한 탓에
상처에선 늘 무덤 냄새가 난다

—「상처의 냄새」 전문

이 시는 "팔순"의 노모와 함께 목욕탕에 간 시인의 이야기다. 노모의 쭈글쭈글해진 몸을 보면서 시인은 "어머니의 슬픈 연대(年代)"를 떠올린다. 시인은 어머니의 늙은 몸에서 오래된 "흉터"를 보고, "듬성한 머리카락"에서 "신음 자리"를 보고, "움푹 파인 분홍빛 뭣자리"마저 연상한다. 시인에게 어머니의 상처가 더 아프게 느껴지는 것은 어머니는 "상처에 가격당한 줄도 모르고" 살아왔기 때문이다. 더 아픈 것은 인생을 살아가면서 겪은 "상처"가 결코 과거형으로 마무리되지 않는다는 점이다. "까마득한 시간의 사슬에도/상처는 죽지 않고 그날로 산다"고 보는 것이다. 하여 어머니는 "몸 안에다 울음보를 장전"하고 평생을 힘겹게 살아온 것이고, 그 상처는 또한 다음 세대인 딸의 생애에까지 영향을 끼치는 것이다. 사실 딸이든 아들이든 어머니의 삶은 자식들의 삶에 지대한 영향을 끼치는 법이다. 더구나 딸과 어머니의 관계는 더 밀접하지 않을 수 없다. 어머니의 삶에 드리운 짙은 상처의 그늘은 그대로 딸의 생애에도 그대로 드리워지는 것이다. 어머니의 "상처에선 늘 무덤 냄새가 난다"는 사실, 그 깊은 상처의 고통을 딸이 무심하게 넘길 수는 없기 때문이다.

어머니의 상처가 시인의 상처라는 인식은 "거꾸로 매단 공중의 처소가 내 탯줄의 시원(始原)"(「거미」)이라는 고백과 상응한다. 그런데 이런 고백에는 시인의 상처가 구체적으로 나타나 있지는 않다. 막연하게 어머니의 상처가 있는데, 그것은 어머니 자신뿐만 아니라 그 딸에게도 깊은 고통을 가져다주었다는 정도의 진술에 그치고 있다. 하여 상처의 구체적인 맥락은 어떠한 것인가 궁금해지지 않을 수 없다.

어메는 독작골 보리밭에
앉아 멧비둘기처럼 섧게 울었다
모식골 강변 깊어 그 소리 아무도 듣지 못했다
집채만 한 울음 클룹 서클
소용돌이가 되어 소리를 몰았다
돌각에 묻힌 한 살도 안 된
고추가 아까워서

고추가 아까워서
어메는 가랑이를 벌리고 앉아 울었다
휘모리 중중모리로 골짝에 널었다
나는 고추를 달고 태어나지 못한 게
죄인 것만 같아 골짝 너머로 흰나비처럼 가고 싶었다
아베는 섭벌이 되어 떠돌고
어메는 샘이 깊어서 평생을 울었다
내 귀는 오랫동안 그 소리에 두들겨 맞느라
퍼렇게 멍이 들었다

―「보리피리」 전문

이 시의 스토리는 어린 아들을 여읜 "어메"의 깊은 상처와 관련된다. "어메"는 "돌각에 묻힌 한 살도 안 된/고추" 때문에 "멧비둘기처럼" 울었다고 한다. 과거 의료 시설이 턱없이 부족한 시골에서 살던 다산 시절의 어머니들은 대개 어린아이를 한둘쯤은 잃어버렸다. 어린 자식의 죽음은 어머니에게 씻을 수 없는 상처를 가져다주었다. 하여 어머니의 울음은 "집채만 한 울음 클롭 써클/소용돌이가 되"어 울렸던 것이다. 마음 깊은 곳에서 울려나오는 그 소리는 온 세상을 울릴 정도로 매우 고통스러운 것이었다. 어머니의 울음은 시인이 각주에서 설명한 대로 곡물밭에 생긴 거대하고 정교한 기하학적 디자인의 선과 원형 그림인 "클롭 서클(Crop Circle)" 처럼 커다란 것이었다. 아들을 잃은 슬픔 때문에 "아베는 섭벌이 되어 떠돌고/어메는 샘이 깊어서 평생 울었다"는 것이다. 이토록 슬픈 어머니의 생애로 인하여 시인 또한 전염병처럼 울음을 달고 살 수밖에 없었던 듯하다. "내 귀는 오랫동안 그 소리에 두들겨 맞느라/퍼렇게 멍이 들었"던 것이다. 심지어는 "나는 고추를 달고 태어나지 못한 게/죄인 것"처럼 생각하고 살아왔다고 한다.

시인에게 상처를 준 것은 슬픈 어머니의 생애뿐만이 아니다. 유년기에 체험했던 가난도 상처의 기원으로 남아 있다. 엄계옥 시인의 세대에서 유년기의 가난은 사실 일반적인 일이었을 터, 시인이 그런 가난에서 유난하게 상처를 받는 것은 그만큼 삶에 대한 깊은 인식과 예민한 감각이 남다르기 때문이었을 것이다. 반대로 가난은 시인에게 인생에 대한 깊은 사유와 상상을 하게 했을 것이다.

천 년 전 파드마삼바바가 예언한
베율을 찾아 떠난다
수만 굽이 억겁을 돌아
칭창 열차는 단 이틀 만에
전생으로 나로 되돌려놓았다
고산증세에 기진맥진한 채
한숨 돌리려는 찰나
쪼꼬렛또 기브미를 외치며
앞을 가로막는 트레퐁 사원의
꼬질꼬질한 아이들 속에서

예닐곱 살의 나와 만난다
엉거주춤 화해의 손짓으로
사탕을 건네자 온몸에 와서 박히는
천수관음의 눈과 손
덜미 잡혀 만다라 탑돌이를 한정 없이 도는데,
언뜻언뜻 예닐곱 살 전생인 나와
현생의 중년인 내가 순례자들 틈바구니에서
숨바꼭질하듯 스치는 게 보였다
그 뒤를 카일라스 산
그림자가 따르고 있었다

―「도플갱어」 전문

시의 제목인 "도플갱어"는 어떤 사람의 분신을 의미한다. 시인은 티베트를 배경으로 영혼의 세계를 상상하고 있는 듯하다. "천 년 전 파드마삼바바가 예언한/베율"(지상낙원)이라는 곳에서 시인은 자신의 도플갱어인 "전생"의 "나"를 만난다. 그곳의 "프레퐁 사원"에서 만난 "꼬질꼬질한 아이들 속에서" 시인은 "예닐곱 살의 나와 만난다"고 한다. 떼거리로 몰려들어 구걸하는 아이들의 모습에서 가난으로 얼룩진 유년기 시절을 회상하게 되는 것이다. 그런데 시인이 "사탕을 건네자" 벌떼처럼 몰려드는 아이들의 손을 "천수관음의 눈과 손"이라고 보고 있다. 어린 시절의 가난 콤플렉스 때문에 자아와 갈등을 겪던 시인은 자신의 "도플갱어"인 가난한 아이들을 만나면서 과거의 자신과

"화해의 손짓"을 내밀게 된 것이다. 이처럼 화해가 가능한 것은 시인이 "중년"에 접어들기까지 인생의 우여곡절들을 경험하면서 마음의 수양을 했기 때문이다. 그 가난한 아이들을 통해 가난한 유년의 상처를 떠올리는 동시에 그런 자아와 화해를 하고 있는 것이다.

그러나 상처는 개인적 경험에서 오는 것만은 아니다. 그것은 우리 사회의 비정함에서도 기원한다. 이를테면 노래방 도우미의 비루한 삶도 시인의 무의식에 상처를 남긴다. 시인은 "눈물이 가장 많이 든 것이 밥알이라는 것을/그 큰 입에 비해 턱없이 비좁은 목구멍을/내장 가득 찬 허기를"(「아귀」) 공감한다. 나아가 시인은 가난으로 인한 영아 유기의 현실과 그에 암묵적으로 동의해온 자신을 문제 삼는다.

> 그녀의 눈물 사용법에 사는 그 애는 그와 한몸이다 굶주림이 문풍지를 뜯던 그해 겨울, 산짐승 발톱이 길게 자라던 새벽이었다 뒤란 돌담 너머 장독대 어디쯤에서 자라나던 갓난아기의 울음소리 갓 태어난 맨몸은 누대에 걸친 포대기에 덮인 채 차디찬 별을 앓았다
>
> 무서움에 칭얼대던 그, 어머니의 양쪽 젖무덤 사이로 숨었다 새벽이 쓰러진 후에야 애절한 울음은 끊겼다 불시에 공범이 된 아침 그 애는 애장터로 가버렸다 그날 이후 그는 그 애 살 속으로 들어가 살았다

어둠의 자식들이 쓰레기더미에 신문에 싼 핏덩이를 버리고 갔다는 뉴스가 떠돌았다 신문에 싸여 버려진 아이는 쉰해 전 그 애였다 그들이 마지막 은신처인 살 속으로 도피할 때마다 그도 낡은 망토 속에다 새끼를 버리곤 한다는 풍문이 나돌았다

—「비밀의 눈」 전문

이 시의 "그녀의 눈물 사용법"은 시인이 밝힌 대로 천운영 소설의 제목이다. 이 소설은 인간의 눈물이 이제는 감정의 결정체이자 진실의 표상이 아니라 자기 관리의 한 방법으로 사용되는 세태를 비판한 것으로 알려져 있다. 이 시에서도 그러한 기조를 이어가면서 영아 유기에 대한 우리 사회의 세태에 대해 문제를 삼고 있다. 동시에 그러한 세태에 물들어 살아온 자기 자신에 대한 비판의 목소리도 섞여 있다. 영아 유기는 인간 사회가 지니고 있는 가장 심각한 비극 가운데 하나이다. 한 생명이 이 세상에 태어나서 버림받는다는 것은 비극 가운데 비극이다. 더구나 그것이 "굶주림에 문풍지를 뜯던 그해 겨울"에 일어났던 것으로 미루어 보건대 영아 유기의 원인은 가난이다. 가난 때문에 어린 아기는 "어머니의 양쪽 젖무덤 사이"에서 아기무덤("애장터")으로 가버린 것이다. 우리 사회에 존재하는 이러한 비극은 과거의 일만이 아니라는 데 심각한 문제점이 있다. "쓰레기더미에 신문에 싼 핏덩이를 버리고 갔다는 뉴스"가 여전히 세상

을 떠들썩하게 한다. "신문에 싸여 버려진 아이는 쉰 해 전 그 애"와 다르지 않은 것이다. 시인은 과거와 현재의 이러한 비극적 이야기들 때문에 마음 깊은 곳에 상처를 안고 살아가는 것이다. 사회적 상처인 것이다. 시인은 이와 비슷한 맥락에서 시장판에서 살아가는 여인의 신산스러운 삶을 "척박한 땅의 꽃대는 마른 잎도 버겁다"(「아귀 2」)고 말하기도 한다.

또 하나, 인간의 문명 또한 시인이 상처를 간직하고 살아가는 원인이다. 문명은 모더니즘 시인들뿐만 아니라 다른 현대 시인들에게 대표적인 비판의 대상이다. 문명이라는 것의 속악함이라든가 천박함, 혹은 비정함 등은 진실을 추구하는 시인에게 부정적 대상이다. 엄계옥의 시에서 문명 비판의 시는 생태의식과 연결되기도 하는데, 문명 고발과 함께 인간 성찰을 동시에 드러낸다는 점에서 흥미롭다.

고라니 한 마리
새로 난 도로 한복판을 막아선다
질주하는 불빛과 대치할 적마다
아스팔트는 고라니의 발목을 낚아챈다
헤드라이트는 스포트라이트를 쏘아대고
클랙션은 저마다의 목소리를 높인다
어둠의 눈과 명멸의 눈
난폭해진 바퀴는 네 다리를 몰아

갈팡질팡 허공에다 꽂는다
분실해버린 생환의 귀로에서
체념이 핏발 선 눈에서 붉다
되돌리기엔 이미 뭉개져버린 시간
낭떠러지를 향해 그는 몸을 돌린다

그해 가을 단풍나무 가지에
남자는 목이 꺾인 채 잠들어 있었다

—「귀로」 전문

이 시는 인간의 문명을 상징하는 "새로 난 도로"에서 자동차에 의해 희생당하는 "고라니"의 모습을 그리고 있다. 요즈음 운전을 하고 길을 가다 보면 자주 만나는 장면 가운데 하나가 야생동물들이 처참하게 희생된 모습들이다. 불빛을 찾아 먹이를 찾아 "아스팔트" 길에 내려왔다가 문명의 폭력에 희생당하고 만 것이다. 이 시대는 자연 파괴로 인해 "되돌리기엔 이미 뭉개져버린 시간"임을 고발하고 있다. 이 시에서 "난폭해진 바퀴"는 브레이크 없이 달려가는 문명의 폭주를 상징하고, 그것에 희생당한 "고라니"는 자연을 상징한다. 그런데 이 시는 문명에 의한 생태계 파괴를 고발하고 있는 것으로만 읽을 수는 없다. 인간 스스로도 문명에 의해 희생될 수밖에 없다고 본다. "남자는 목이 꺾인 채 잠들어 있었다"는 사실은 문명을 향해 질주하다가 비극을 맞이하는 인간 자신에 대한 성찰의 결과이다.

3.

상처로 얼룩진 생애, 그것을 극복하면서 살아가기 위해서는 몇 가지 방법을 생각해 볼 수 있다. 상처를 망각하여 기억에서 지워버리는 일, 상처에 저항하면서 부정하는 일, 상처의 생애를 성찰하면서 승화시키는 일 등이 있을 수 있다. 엄계옥 시인은 세 번째 방법을 선택하는데 그 방식은 시 혹은 예술을 통하는 것이다. 상처를 시로써 승화시켜 나가는 일은 상처가 인생의 고통 이상의 것이라는 사실을 인식하는 데서 출발한다. 인생은 비록 "속울음 물모래 지던 에움길"(「동행」)일지라도 시를 통해 "오래된 상처가 쏟아내는 물컹한 단내/그는 배꼽이 향낭이다"(「감꼭지」)라는 인식에 도달하는 것이다.

수목한계선 무릎 꿇은 설움
한 줄 선율에 불현듯 울컥, 하고 쏟을 때
쉰 번의 겨울 나이테 제 피륙의 깊이만큼
몸의 현을 연주하기 시작한다

차곡차곡 안으로 들인 한기
주체할 수 없는 울림으로 번져와

바람의 결기 낱낱이 토해낸다

제 몸 최고봉의 선율을 향한 바람의 담금질
앙상하게 휘어진 등줄기 후려칠 때마다
늑골 뼈마디의 비명 온몸을 휘감는다

층층이 안으로 쟁인 한기가 버팀목인
해발 삼천 미터 생목한계선, 일용직인 그는
로키산맥의 무릎 꿇은 나무가 되어갔다

나목의 우짖음 목울대 공명이 되었다던가
은발에 찬 기운 돋을수록
폐부 깊숙한 멍으로부터 터져 나오는 생계의 운율
에일 듯 토해내는 굽은 등의 완창,
키 낮은 가계의 계보(系譜)

—「스트라디바리우스의 노래」 전문

제목에 등장하는 "스트라디바리우스"는 시인이 각주에서 설명한 대로 "해발 삼천 미터 수목한계선 무릎 꿇은 나무로 명품 바이올린을 만드는 재료"이다. 이 나무는 식물이 자랄 수 있는 "수목한계선"에서도 강인하고 끈질긴 생명력을 발휘한다. 생명의 한계 상황을 극복하면서 자라나는 이 나무는 "차곡차곡 안으로 들인 한기"와 "최고의 선율을 향한 바람의 담금질"로 살아가는 존재이다. "해발 삼천 미터"의 척박한 자연환경은 "비명"을 지르고 싶을 만큼 고통스럽게 하지만, "스트라디바리우스"는 그런 환경을 꿋꿋이 견디어내면서 생명을 이어가는 속성을 지닌 나무이다. 이 나무는 자연히 목질은 단단하고 올올하여 악기를 만들기에 아주 적합한 소재로서 자라나 "명품 바이올린"으로 다시 태어날 수 있는 것이다. 척박한 자연 환경이 오히려 강인한 생명으로 태어나게 한 것이다. 결국 이 나무는 자신에게 주어진 극한 상황을 오히려 더 나은 존재로 거듭 태어나는 계기로 만드는 존재를 표상한다.

이 나무의 생리와 속성은 "일용직인 그"의 생애와 다르지 않다. 비정규직인 그의 생애는 "로키산맥의 무릎 꿇은 나무"인 "스트라디바리우스"와 다르지 않을 것이다. 수목한계선과 같이 척박한 삶의 현실에 내던져진 그는 마치 "스트라디바리우스"처럼 끈질긴 생명력을 간직하고 살아가는 사람이다. 그는 사회에서 보호받거나 정당한 대우를 받지 못한 채 "나목의 울부짖음"과 같은 고통 속에서 살아가는 존재이다. 더구나 나이는 들어서 그의 몸은 "은발에 찬 기운"과 "폐부 깊숙한 멍"만이 남아 있는 상태이다. 하지만 그는 생활의 고통을 승화하기 위해 가끔 노래를 부른다. 그의 노래는 "생계의 운율"이자 "에일 듯 토해내는 굽은 등의 완창"으로서 "스트라디바리우스"로 만든 명품 바이올린 소리와 다르지 않다. 그의 삶은 "스트라디바리우스"처럼 신산스럽고, 그의 노래는 명품 바이올린의 소리처럼 감동스럽다. 그와 "스트라디바리우스"는 서로 닮은꼴이어서 "키 낮은 가계의 계보(系譜)"를 이루는 셈이다.

"스트라디바리우스"로 만든 명품 바이올린, 혹은 일용직의 삶을 꿋꿋이 살아내는 "그"는 진정한 시인의 모습과 다르지 않다. 시인은 세속적이고 거창한 구호를 외치며 사는 존재가 아니다. 시인은 그저 자신에게 주어진 척박한 현실의 미세한 부분들을 미적 언어로 승화시키는 존재이다.

시인이 되고 보니 알겠다
큰 것보다 작고 세세한 것
여리고 힘없는 것에
더 마음이 간다는 것을
꼿꼿하던 고개
사방 면벽보다
발아래를 더 챙긴다
내가 머리 위에
천둥번개를 이고 살 듯
내 발아래 수만 년 무수한 생명들
무지막지한 발목을 이고 찰나를 산다
내가 잠깐 한눈 판 사이
무지몽매한 내 발목 스친 자리
개미 한 마리
무너진 어깨 일으켜 세우느라

안간힘을 쓴다
머리 위에 임금 없고
발아래 신하 없는 게 시인이라
나는 그 앞에 무릎 꿇고
무너진 개미 일으켜 세우느라
안간힘을 쓴다

—「수라(修羅)」 전문

시인이란 어떤 존재인가? 이 시에 의하면 시인은 "큰 것보다 작고 세세한 것/여리고 힘없는 것"에 관심을 갖는 존재이다. 사실 시는 철학과 마찬가지로 인생의 의미와 방법을 탐구한다. 대부분의 시들은 실상 '왜 사는가?' 혹은 '어떻게 살아야 하는가?'에 대한 시인 나름의 대답이라고 할 수 있다. 다만 시가 철학과 다른 것은 시에서 사용되는 언어가 구체적이고 미적이라는 점이다. 시는 인생의 추상적 관념을 말하는 것이 아니라, 아주 구체적인 세부를 통해 그 관념을 말하는 방식이다. 시에서 빈도 높게 활용되는 비유법은 실상 그 구체적인 언어를 통해 커다란 관념의 세계를 드러내기 위한 것이다. 시인의 "머리 위에"는 "천둥번개"와 같은 커다란 세계가 있고, 그 "발아래"는 "수만 년 무수한 생명들"과 같은 거대한 세계가 있지만, 시인이 정작 마음을 주는 것은 그러한 세계가 아니다. 시인의 관심사는 "찰라"의 시간을 살다 가는 "개미 한 마리"같이 아주 작고 구체적인 것이다.

하지만 시인은 그 작고 초라한 미물 속에서 광막한 우주의 세계를 발견하는 존재이다. 세상에 존재하는 미물들은 모두가 저마다 하나의 우주라는 생각, 이것은 오히려 우주 전체를 거시적으로 보는 것보다 세상을 넓고 크게 보는 태도라 할 수 있다. 세상에 존재하는 모든 것들은 서로 평등한 존재 가치를 갖는 것이므로, "개미 한 마리"나 한 인간이나 한 포기 풀꽃은 모두가 우열 없이 소중한 존재이다. 그래서 "머리 위에 임금 없고/발아래 신하 없는 게 시인"의 존재론일 터, 시인의 자유는 세상에 존재하는 모든 것들을 평등하고 소중하게 바라볼 수 있는 여유이다. 이런 관점은 모든 사람들을 평등하게 바라볼 줄 아는 시각을 제공하기도 한다. "문설주에 기댄 슬픈 얼굴에/차마 떼어내지 못한 얼룩"을 지닌 "세 들어 사는 부부"의 가난한 일상조차도 "햇살이 노랑 발로 스케치를 한다"(「반창고」)고 아름답게 묘사할 수 있게 한다.

시심 혹은 예술혼을 간직하고 사는 사람은 현실에서의 외로움이나 스트레스에 얽매이지 않는다. 현실의 부정적인 조건들은 오히려 현실의 삶을 단련시키고 고양시키는 계기를 마련해준다는 관점을 견지한다. 시가 승화나 초월의 형식이 될 수 있는 것은 이러한 이유 때문이다.

> 달빛 속일수록 외로움은 웃자란다
> 창틀을 타넘은 달빛

베개 삼아 고요하게 엎드린다
오래전 꽃잠 잊은 뼈 하얗게 식어
체온을 위해 무엇이든
껴안고 잠들고 싶은 밤
자귀나무 검은 뼈에 기댄다

감정의 층위에 쌓아올린
너와 나의 언약은 불안정 마디여서
더없이 광활한 귓바퀴 속
높은음자리에 천착한다
닿는 순간 사라지는 너의 부재에
멀어질까 두려워 그토록 아팠다
풍경을 머금을수록 창백한 달처럼
고픈 귀 음계를 품는다

휘몰기도 하고 흐느끼기도 하던,
귓바퀴를 순례하는 은둔자
잔뜩 웅크린 몸에
은빛 옷 한 벌 입혀놓고
손풍금을 켜듯
갈비뼈 스물네 마디 더듬다
막잔의 쓸쓸한 취기로 돌아 나온다
감긴 눈, 광막한 내부에서
몽고대왕의 흰 얼굴 만져진다

—「달빛 소나타」 전문

예술은 인간의 외로움을 소재로 삼으면서 동시에 그 외로움을 승화시킨다. "달빛 속일수록 외로움은 웃자란다"는 첫 시구는 인간이 지닌 근원적 외로움을 드러낸다. 밤의 시간에 창가에 기대어 달을 바라보면 "체온"을 잃어버릴 듯한 외로움에 빠져들 수밖에 없다. 그래서 "자귀나무 검은 뼈에 기댄다"고 할 정도로 무엇엔가 의지하고픈 마음이 생겨난다. 시인이라면 시에 기대어 외로움을 달랠 것이고 음악가라면 음악에 기대어 외로움을 달랠 것이다. 이 시의 화자는 자신의 외로움을 악성 베토벤의 「달빛 소나타」를 통해 위안 받고 있다. 이 곡은 외로운 영혼을 달래주는 서정적인 곡으로 널리 알려져 있다. 시의 화자 "나"는 "닿는 순간 사라지는 너의 부재"에서 오는 외로움을 「달빛 소나타」로 달래고 있다. 인간의 만남은 항상 유한한 것, 외로움을 숙명으로 간직하고 사는 인간은 "휘몰기고 하고 흐느끼기도 하던,/귓바퀴를 순례하는 은둔자"처럼, 즉 베토벤처럼 살아갈 수밖에 없다. 베토벤이야말로 인간의 본질적인 외로움을 가장 크게 간직하고 살았던 예술가였으니 "나"가 그의 삶과 그의 음악 「달빛 소나타」에 공감하는 것은 당연하다. "광막한 내부에서/몽고대왕의 흰 얼굴이 만져진다"는 것은 그러한 공감의 표현이다.("몽고대왕"은 시인이 밝혔듯이 하이든이 베토벤에게 지어준 별명이라고 한다.)

시이든 음악이든 예술은 인간에게 삶과 현실에 대한 어떤 깨달음을 제공한다. 인간은 예술 작품이나 예술 행위와 혼연일체를 추구하면서 현실에서의 어리석고 타락한 삶을 구원받고자 한다. 예술 행위는 영혼의 순수한 형식이기 때문에, 그것과 일체가 되는 것만으로도 구원의 문턱에 다가가게 된다.

송광사 비루에 걸린 북
어스름 내리면
스님 그림자
제 몸에 들인다
북에 든 그림자
호흡을 가다듬고
북을 두들기기 시작한다
제 검은 형체를 향해
머리 어깨 가슴
인정사정없이 내리친다
내 온몸 구석구석
죽비 든 것처럼 시원해진다

—「거울」 전문

이 시는 복합적 풍경을 보여준다. 저녁 무렵 "송광사 비루에 걸린 북"을 치는 "스님"의 모습과, 그 풍경과 자신을 동화시키고 있는 화자인 "나"의 모습이 그것이다. 스님은 북과 하나가 되어

장엄한 소리를 만들어내고, "나"는 소리와 하나가 되어 속악한 영혼을 정화하고 있는 것이다. 그런데 북을 두드리는 스님의 모습을 보면서 "제 검은 형체를 향해/머리 어깨 가슴/인정사정없이 내리친다"고 한다. 이것은 저녁 어스름의 잔광이 스님의 그림자를 북에 비추고 스님은 그 그림자가 있는 북을 열성으로 두드리는 상황을 묘사한 것이다. 그런데 스님이 자신의 그림자를 두드리는 것에 대해 화자는 "내 온몸 구석구석"을 "죽비"로 내리치는 것과 같다고 느낀다. 스님의 북소리가 "나"의 영혼을 속세의 욕망에서 해방시켜 고양해주는 역할을 하는 셈이다. 그래서 시의 제목이 "거울"이다. "나"는 북은 스님을 비추고 스님의 그림자는 "나"를 비추는 "거울"이라고 느끼는 것이다. 북 치는 일은 예술 행위라고 할 수 있을 터, 결국 이 시도 인간은 예술을 통해 정신의 승화와 고양을 이룬다는 메시지를 전해주고 있다.

예술을 통해, 시를 통해 인간이 궁극으로 도달하고자 하는 것은 삶의 궁극적인 원리이다. 그 원리를 깨닫는 방법 가운데 하나는 우주와의 소통을 통해 거시적인 삶의 태도를 인식하는 것이다. 이때는 인간과 우주와 예술의 경계는 사라진다.

열 달을 모두 산 쭈글쭈글한 신생이
마지막 숨을 몰아쉬던 날
둥근 양수의 방은
맹렬한 기세로 빙글빙글

엄청난 속도의 소용돌이와 만나
블랙홀 같은 물멀미 속으로
속수무책 빨려들다

죽음인 줄 알았던 길고 캄캄한
문밖은 다음 생을 향한 자궁문이라지

현생은 꿈에서만 전·후생을 만나
끝없는 숨의 방문은 죽음 성숙을 위한 것
긴 죽음 가운데로 난
잠깐의 출구에 불과한 것이 그 문이라지

—「천궁도(天宮圖)」 부분

이 시의 제목인 "천궁도"는 점성술에서 사람의 출생 순간과 같은 특정 시간의 태양과 달, 행성 그리고 기준선을 표현하는 도표이다. 시인은 각주에서 "자궁을 우주 천체의 궤도에 비유한 것"을 의미한다고 밝히고 있다. 어쨌든 "천궁도"는 한 인간의 출생과 운명을 우주의 이치와 밀접하게 상관된다고 보는 것이다. 이 시는 "엄마 뱃속"의 아이가 "열 달"의 잉태기를 거쳐서 한 생명으로 태어나는 과정을 노래하고 있다. 시상의 맥락이 다소 비약적이지만, 어머니의 자궁 안에 "양수" 속의 어린 생명은 그곳이 가장 평안하고 따뜻한 생명의 공간일 터이다. 그러나 어린 생명이 그곳에서 머물 수 있는 기간은 잉태 기간인 열 달밖에 허용되지 않아 그 기간을 채우면 "자궁문"을 열고 세상으로 나와야 하는 법이다. 어린 생명의 입장에서는 세상으로 나오는 일이 죽음과도 같다고 느낄 수 있다. 하여 "문밖은 다음 생을 위한 자궁문"이자 "긴 죽음 가운데로 난/잠깐의 출구에 불과한 것"이기도 하다. 따라서 "천궁도"는 "자궁문"처럼 한 생명의 운명을 관장하는 것으로서 한 생애와 다음 생애, 이승과 저승, 삶과 죽음을 이어주는 통로이다. 그곳은 현실에서의 상처와 울음을 높은 하늘의 세계로 끌어올려 승화시키는 역할을 하는 것이다.

4.

마음 깊은 상처와 울음으로 점철된 생애, 그 비극의 클라이맥스는 죽음 체험과 관련된다. 그런데 죽음 체험 역시도 상처와 울음처럼 삶의 깊이를 깨닫는 생산적인 역할을 한다. 「영적 비행」이라는 시에는 시인이 지금까지 살아오면서 경험했던 다섯 번의 죽음 체험을 고백한다. 첫 번째는 "첫돌 무렵"의 "홍역" 때문이었고, 두 번째는 "두 살 무렵"의 "물놀이"에서 익사할 뻔한 일이고, 세 번째는 "세 살 무렵"에 "술 취한 사람"의 폭력 때문이라고 소개한다. 그리고 네 번째는 "가장 고통스러웠던 순간"이라고 소개하면서 "술을 출발 신호로 삼았"다고 한다. 이것은 아마도 "아이들 때문에 더는 오를 수 없었다"고 하는 것으로 보아 삶에 대한 우울증 때문에 찾아온 자살 충동과 관계있는 듯하다.

마지막 다섯 번째는 "급체" 때문에 겪은 것으로 제시된다. 시인은 이러한 죽음 체험을 "영적 비행"이라고 명명하는 것으로 보아 그것이 삶을 정신적으로 고양하는 역할을 했다고 보고 있다.

엄계옥 시인이 죽음 체험에 대해 공포와 불안보다는 긍정의 진술을 하는 것은, 지금까지 살아오면서 겪은 모든 상처와 울음의 가치를 재발견했다는 것을 의미한다. 보통 사람들보다는 많은 죽음 체험은 엄계옥 시인을 정신적으로 높고 강인한 사람으로 만든 것으로 보인다. 더구나 시인은 「영적 비행」에서 "남은 비행이 몇 번이나 더 될지 아직 미지수야", "기어이 한번은 자신과 마주쳐야 빛의 마지막 단계에 도달할 수 있을 거야"라고 한다. 앞으로도 죽음 체험을 기꺼이 수용하겠다는 것, 그리고 그것이 "빛의 마지막 단계"라고 인식하고 있다. 사람은 나이가 들수록 죽음이라는 단어조차 거부하는 것이 일반적이지만, 죽음이 다시 다가오더라도 기꺼이 수용하여 과거의 상처와 울음을 승화시키는 계기로 삼겠다는 것이다. 그래야만 죽음을 맞이하는 순간, 비로소 "내 지난 모습과도 화해를 한 후의 일이 될 거"라고 진술한다. 마지막 죽음의 순간 이전에 과거의 상처나 울음과 화해를 할 수 있다고 생각하는 것이다.

이렇듯 엄계옥 시인의 시는 마음 깊은 곳에 자리 잡은 상처와 울음의 언어로 구성된다. 유년기로부터 중년에 이른 오늘에 이르기까지 엄계옥 시인의 삶에는 수많은 상처와 울음이 암각처럼 새겨져 있는 듯하다. 시인의 마음 깊은 곳에는 상처로 인해

'울고 있는 아이'가 서성거리는데, 시인은 그 아이가 무의식 속에 존재한다고 말한다. 무의식이라는 것은 의식보다도 더 깊은 마음의 구석을 말하는 것일 터, 시인의 상처가 그만큼 연원이 깊고 크다는 것을 의미한다. 정신분석학에서도 무의식은 상처, 죄의식, 욕망, 갈등 등 고통스러운 경험과 감정들이 차곡차곡 쌓이는 마음의 곳간이다. 이 시집은 그 아이의 삶을 성찰하기 위한 것이거나, 그 아이를 달래기 위한 것이거나, 아니면 그 아이의 상처를 초극하기 위한 것이다. 하여, 시는 마음의 테라피를 지향한다. 물론 그 아이가 엄계옥 시인의 삶에만 한정되는 존재는 아닐 터, 인간 누구나의 마음 깊은 곳에 기거하는 실존적 존재로 확장해 읽을 수 있다. 그렇다면 이 시집의 시편들은 인간 심리의 보편적 상처를 테라피해 주는 범상치 않은 역할도 가능하지 않을까?

이 도서의 국립중앙도서관 출판시도서목록(CIP)은 서지정보유통지원시스템 홈페이지(http://seoji.nl.go.kr)와 국가자료공동목록시스템(http://www.nl.go.kr/kolisnet)에서 이용하실 수 있습니다.(CIP제어번호: CIP2015025515)

시인동네 시인선 042
내가 잠깐 한눈 판 사이

초판 1쇄 인쇄 2015년 9월 17일
초판 1쇄 발행 2015년 9월 24일
지은이 엄계옥
펴낸이 고영
편집 이현호
디자인 헤이존
펴낸곳 문학의전당
출판등록 제311-2012-000043호
주소 서울시 은평구 연서로11길 7-5 401호
편집실 서울시 마포구 마포대로 127, 413호(공덕동, 풍림VIP빌딩)
전화 02-852-1977
팩스 02-852-1978
블로그 http://blog.naver.com/mhjd2003
전자우편 sbpoem@naver.com

ISBN 979-11-5896-003-2 03810

* 이 시집은 2015년 울산광역시 및 한국문화예술위원회의 문예진흥기금을 보조받아 발간되었습니다.